Este título incluido en **Nuestros Ilustres** —la serie de biografías de destacados personajes de los ámbitos de la ciencia, la cultura y la historia— pretende servir de soporte cultural y educativo, así como de **apoyo extracurricular a diversas asignaturas**, con el objetivo de promover el conocimiento, la investigación, la innovación, el talento y la divulgación. Cada título aproxima a los niños a un personaje cuya trayectoria ha contribuido significativamente al desarrollo y a la calidad de vida de nuestra sociedad.

Las biografías de **Nuestros Ilustres** forman parte de un proyecto impulsado por la **Fundación Acuorum Iberoamericana Canaria de Agua** en colaboración con **Canaragua**, **Aguas de Telde** y **Teidagua**. Han sido coordinadas y producidas bajo el sello de **Vegueta.**

Guía de lectura:
¿Deseas saber más sobre Benito Pérez Galdós y su época?

Encontrarás citas sobre Benito Pérez Galdós.

Tendrás información más detallada.

Textos: Fernando G. Delgado
Ilustraciones: Tyto Alba
Diseño: Anna Bosch
Maquetación: Laura Swing

Gabinete Literario. Plaza de Cairasco, 1
35002 Las Palmas de Gran Canaria
www.acuorum.com

Primera edición: marzo 2019
Segunda impresión: julio 2020

ISBN: 978-84-947237-3-5
Depósito Legal: GC 481-2018
Impreso y encuadernado en España

NUESTROS ILUSTRES

Benito Pérez Galdós

El narrador de un mundo

FERNANDO G. DELGADO
TYTO ALBA

Vegueta Infantil

«Nuestra imaginación es la que ve y no los ojos».

Toda una vida dedicada a leer y a escribir y se me va deteriorando la vista sin que pueda ponerle remedio. Por mucho que haya tratado de defenderme de la luz con unas lentes oscuras, no ha habido manera.

Hay por aquí un joven médico, llamado Gregorio Marañón, que va para escritor bueno y es hombre de pensamiento, al que le conté lo que me pasaba y me dijo que lo mío era un padecimiento de cataratas y que me convenía operarme.

Y me operé. Pero para nada. La operación no salió bien.

Así que con casi setenta años voy para ciego y sin vista poco puedo hacer por la escritura.

He tenido, pues, que contratar a un secretario, que se llama Pablo Nogués, para que me ayude en ello, pero es que cada vez voy a peor con la vista y en nada de tiempo estaré completamente ciego.

Menos mal que me acompaña mi mascota, todo un perro alsaciano; nos llevamos muy bien.

Pero ahí queda mi obra, por mucho que los hombres más retrógrados y conservadores de España la hayan menospreciado. Son casi cien novelas y treinta obras de teatro lo que he escrito y la sociedad no se ha portado mal con ellas; todo lo contrario.

Dicen que mi estilo es directo y honesto y que no me falta ironía. Y no me falta.

Tampoco me falta empatía para con la gente de todos los estratos sociales, que han sido tan generosos en el aprecio de mi voz literaria. Y son tan exagerados que llegan a darla por única e irrepetible.

Yo no sé si eso es así. Pero lo que sí sé es que siempre he querido que fuera entendida por la mayor cantidad de gente posible.

En este breve libro, sin embargo, tengo que hablar de mí. Y, si hablo de mí, tengo que decir que además de la literatura y del teatro, me ha apasionado la música, y que he ido a muchos conciertos para luego publicar las críticas.

Tendré que decir además que toda mi vida he sido un tímido.

Y de los descuidos en mi vestimenta no digamos nada. He vestido siempre de oscuro para no llamar la atención. Eso sí, no me ha faltado en invierno la bufanda blanca ni en la mano un buen puro.

Pero si ya imaginan mi retrato, dispónganse a repasar un breve recorrido por mi vida, aunque creo que ya he empezado a contarla con la ironía que han de perdonarme.

«La experiencia es una llama que no alumbra sino quemando».

CAFE DE FORNOS

La casa-museo Galdós

En el número 2 de la calle Cano, en Las Palmas, se encuentra la casa natal de Galdós. Hoy el edificio alberga la casa-museo dedicada al escritor. En ella se puede encontrar una curiosa colección de instrumentos de música, obras de arte, objetos decorativos, etc. En su ampliación tiene su sede el Centro de Estudios Galdosianos.

Lo que voy a describirles es la primera parte de mi historia, contándoles en primer lugar lo que ya saben: que nací en Las Palmas de Gran Canaria, de donde era mi padre, no mi madre. Mi madre era vasca y se llamaba Dolores Galdós.

Que yo nací el 10 de mayo de 1843 –después de la Guerra de la Independencia que enfrentó a España contra Francia– tal vez lo ignoren ustedes.

Y qué más da.

Pero quiero contarles además que tuve diez hermanos y que yo fui el más pequeño. Aunque ser el más pequeño de ellos ni te da ni te quita. Y menos si tu madre es una mujer tan estricta como lo era la mía.

Lo que pasa es que si te crías malucho, y yo padecía unos catarros que me ponían a la muerte, tu madre se compadece más contigo.

Fue mi caso.

Yo le importaba a ella más que la guerra, y supongo que a mi padre también. Era un niño asmático y un niño en esas condiciones es un niño con una psicología especial. Decían que tenía personalidad asmática infantil.

Pero lo peor en mi caso fue la falta de confianza en mí mismo y la timidez. Yo era muy tímido. Aunque lo que yo tenía era, sobre todo, mucha ansiedad. Y mi familia también. La tenía toda la familia. Éramos ansiosos todos.

Yo fui muy ansioso en Las Palmas y en Tenerife; concretamente en La Laguna de Tenerife es donde fui más ansioso. En Las Palmas, por aquellos años en los que estuve en el Colegio de San Agustín, y en Tenerife, cuando hice el Bachillerato en el Instituto.

Pero donde lo pasé mejor fue en aquel colegio, sí, porque estaba claro que había buenos pedagogos, bastante adelantados para aquella época.

Y tanto es así que a lo mejor por eso saqué de allí la inspiración para algunos atrevimientos que tuve al escribir tanto tiempo después *Doña Perfecta*.

Con algo de aquello tuvo que ver, sin duda, lo que luego fue mi interés por las teorías darwinistas, con las polémicas a las que me entregué, y que algunos críticos me criticaron.

Pero, en fin, hablemos de mis tiempos juveniles, de mi paso por la prensa de la ciudad en la que nací, adonde llevé mi poesía satírica, nada menos, sin que me faltaran cuentos y hasta ensayos.

Que tenía buena memoria, que tan útil me fue siempre para todo, ya lo sabía yo, y de esa buena memoria se valdrían con el tiempo mis novelas.

Las que escribí en Madrid, desde luego, porque, en cuanto acabé el Bachillerato, la mandona de mi madre se dispuso a mandarme a la capital de España para que estudiara lo que ella quería: Derecho.

El darwinismo

Basado en los hallazgos de Charles Darwin, el darwinismo es la teoría que explica que todas las especies de seres vivos han evolucionado a partir de un antepasado común, mediante un proceso llamado «selección natural».

Cervantes y *El Quijote*

Publicada en 1605, *El Ingenioso Hidalgo Don Quijote de la Mancha* es la obra más importante de Miguel de Cervantes y está considerada como una de las mejores novelas de la literatura en castellano.

Mi padre se llamaba Sebastián Pérez Macías, y era canario, como yo. Pude haberme llamado como él, si no fuera porque ya tenía yo un hermano con ese mismo nombre. Decidieron pues llamarme Benito y ese es el nombre que llevo y hasta ahora no he mencionado.

Lo cierto es que mi padre había salido de la isla para luchar contra las tropas de Napoleón en la Guerra de la Independencia, y le gustaba contármelo.

Le apasionaba contarme esas y otras historias.

Y a lo mejor por eso me aficioné yo a las historias contadas y por contar y me empezó a gustar contar historias.

Me ha gustado siempre hablar de todo, menos de mí. O de mí muy poco.

Pero he escrito tanto que, aunque no me faltarán críticos ni narradores envidiosos que me lo reprochen, he llegado a oír que soy un escritor fundamental de la literatura española.

Y me lo creo.

Don Miguel de Cervantes Saavedra, de cuyo *Quijote* llegué a aprender en Canarias capítulos enteros de memoria, seguro que me gana, pero detrás de él voy yo: Benito Pérez Galdós.

¿Qué les parece? ¿Bien?

Al llegar a Madrid estuve algún tiempo atortolado. Sin saber qué dirección tomar, bastante desanimado y triste. Ganduleaba por las calles, las plazas y las callejuelas y me escapaba de las cátedras.

A mis paisanos canarios los veía en su tertulia del Café Universal. Recuerdo, por ejemplo, a Nicolás Estévanez y a José Plácido Sansón; me encontraba a gusto con ellos.

Pero en el Ateneo madrileño, en la calle del Prado, fue donde pude leer a los mejores narradores europeos en sus lenguas: inglés y francés.

«Mi vocación literaria se iniciaba con un prurito dramático, pero si mis días se me iban en flanear por las calles, parte de las noches la invertía en emborronar dramas y comedias».

Clarín y *La Regenta*

Conocido por el seudónimo de Clarín, Leopoldo Alas fue, junto a Galdós, uno de los grandes escritores realistas de la segunda mitad del siglo XIX. Su primera novela, *La Regenta*, supuso todo un escándalo en su época, pero hoy se considera un gran clásico de la literatura en castellano.

Y allí mismo fue donde empezó mi gran amistad con Leopoldo Alas, *Clarín*, a quien conocí el día en que asistí a una conferencia suya.

Nació allí nuestra gran amistad, sí.

Y la amistad de Clarín, como otras, me llevó a la literatura de la que ya venía entregado, pero me costó mucho conseguir una editorial en Madrid que quisiera publicar mis novelas.

Me pasaba lo mismo que le ocurría a otros jóvenes escritores, que vivían amargados por no encontrar quien estuviera dispuesto a publicarlos.

Hasta que me fui un día a ver a un editor conocido, que llegó a decirme que le gustaba lo que escribía, pero que lo suyo era publicar obras de autores que fueran populares.

Me manifesté burlonamente popular enseguida y con sorna le di por hecho que me publicaría.

Sorprendido, me preguntó por qué razón iba a hacerlo.

Y no con menos guasa le dije yo que si lo suyo era lo popular, popular era lo mío, el apellido Pérez, el más popular de España.

Entró en risas y yo con él.

Y de la literatura a la vida, aunque siempre las he tenido por lo mismo.

Contaré pues que nunca he estado dispuesto a casarme, aunque relaciones amorosas no solo no me hayan faltado sino que han transitado por mi vida en abundancia.

Tanto es así que cuando salí de Las Palmas, camino de Madrid, me fui con la pena de dejar a Sisita.

Sisita era una prima mía cubana, hija de José María, mi tío materno, y de una tal Adriana Tate.

Los dos crecimos juntos en la casa de la calle Cano de Las Palmas, pero llegó la adolescencia y la muy lista de mi madre se dio cuenta enseguida de que este, su hijo, y Sisita, cuyo nombre real era María Josefa Washington de Galdós, estaban enamorados.

Y vaya si lo estábamos.

Nada debió de gustarle eso a mamá Dolores porque fue entonces cuando, como ya he contado, me mandó a Madrid a estudiar Derecho con la clara idea de apartarme de mi prima.

Pero yo no la olvidaba nunca.

Así que cuando volví a Las Palmas en 1864 para disfrutar de unas vacaciones de verano, ansioso por reencontrarme con ella, obligaron a Sisita a volver a Cuba.

Pero no por mi culpa, sino porque su padre le había preparado allí un matrimonio con un rico sesentón. Y acabó teniendo dos hijos con él.

«El verdadero amor, el sólido y durable, nace del trato; lo demás es invención de los poetas, de los músicos y demás gente holgazana».

María Pérez-Galdós Cobián

La hija del novelista nació en Madrid en 1891. Tras la muerte de su madre en 1906, se trasladó a vivir con don Benito. Durante años María se encargó de hacer llegar a las instituciones distintas remesas del archivo documental de su padre.

Aunque me desanimó mucho lo ocurrido con Sisita, volví a Las Palmas cuando estaba escribiendo *La sombra*, una novela por entregas que publiqué en la *Revista de España* cuatro años más tarde.

Nunca me casé, aunque sí tuve muchos amoríos, de los que nació mi única hija, María Pérez-Galdós Cobián, cuya madre, Lorenza Cobián González, posó para muchos pintores, entre los que se encontraban Emilio Sala y José María Fellonera.

Claro que la relación de Lorenza conmigo fue otra, yo nunca la retraté.

En todo caso, los que escribían sobre mí, que no me faltaron quienes lo hicieran, me atribuían una sensibilidad especial hacia las mujeres, hacia su característico universo, como si eso no fuera lo más natural.

Y en el mismo 1864 regresé a Madrid desde Las Palmas. No olvidaré aquella vuelta.

El regreso supuso sufrir la trágica y violenta Noche de San Daniel, que viví en medio de los disturbios.

Poco después, con veinticuatro años, me fui a París y trabajé de corresponsal desde la Exposición Universal. Como no me faltaba trabajo, empecé a abandonar las clases de Derecho. Las abandoné del todo en 1868.

Y con el tiempo me fui acercando a la política.

Me acerqué a ella con escepticismo. Con desconfianza. Viendo cómo los políticos anteponían sus intereses personales y de partido a los intereses de los ciudadanos. En los dos partidos que se turnaban en el poder había dos manadas de hombres que no aspiraban a otra cosa que a pastar en el presupuesto.

Carecían de ideales y no los movía ningún fin elevado. No trataban de mejorar las condiciones de vida de aquella raza infeliz, pobrísima y analfabeta.

Pero un buen amigo, Práxedes Mateo Sagasta, que era el líder del Partido Liberal, me convenció para que ingresara en su formación. Y desde entonces, en 1886, fui diputado.

Ahora bien, siempre tuve una visión muy escéptica de la política.

Y miren por donde, allá por 1909, no solo formé parte de las fuerzas políticas republicanas, sino que presidí la coalición republicano-socialista con Pablo Iglesias, el fundador del Partido Socialista.

La noche de San Daniel

El 10 de abril de 1865, la Guardia Civil y unidades militares reprimieron con violencia a un grupo de estudiantes que se habían congregado en apoyo del rector de la Universidad Central de Madrid. El Gobierno había expulsado al rector porque este no había destituido al catedrático Emilio Castelar, muy crítico con la reina Isabel II. Murieron catorce personas en la refriega.

Charles Dickens

Uno de los autores ingleses que más marcó a Galdós fue Charles Dickens. Se dice que nadie relató mejor que él la Inglaterra del siglo XIX.

A mi vuelta de París pude traerme a Balzac y a Dickens conmigo. De Dickens llegué a traducir una novela.

Pero tenía treinta años cuando me empeñé en los *Episodios Nacionales*, que no fue poca cosa aquel empeño.

Decían que nadie había escrito nada tan extenso e intenso en lengua castellana.

Claro que no.

Fui yo el que se metió en aquella empresa de hacer una colección de novelas en la que se recogiera toda la historia de un siglo tan complicado como el XIX, a través de personajes muy cercanos y metiéndome en los ejemplos de la vida cotidiana.

Una vida cotidiana, la de España, la de su pueblo llano, que yo me empeñaba en describir.

Una España que yo recorría en coches de ferrocarril de tercera clase.

Me hospedaba en hoteles de mala muerte, pero convivía muy bien con el pueblo llano.

Me venía de perlas porque así me apoderaba de la forma de hablar de la gente para enriquecer mis páginas, para darles el realismo que necesitaban.

Nada más y nada menos que 46 novelas. La historia de España desde 1805 hasta 1912.

Aunque no volví más a las Islas Canarias, llevé siempre a Las Palmas en el corazón.

No es que llegara a hacer muchas cosas por mi isla, pero cuando fui diputado insistí todo lo que pude en que se construyera un Instituto de Educación Secundaria en Las Palmas.

Ahora bien, la última vez que estuve en Gran Canaria, la isla donde nací, fue en 1894. Tenía entonces cincuenta años y hacía veinte que no había vuelto a pisarla.

El alcalde de Las Palmas, Rafael Massieu, me llevó a la villa de Teror. Y se lo agradecí porque allí recordé a mi padre y su empeño en contarme historias.

Me acordé de su relato sobre los granaderos canarios que combatieron sin bajas en la Guerra de la Independencia.

Decían ellos que no les fue mal en aquellos combates gracias a la Virgen del Pino, la patrona de Gran Canaria, a la que fuimos a ver en su santuario de Teror.

Lo cierto es que me di un buen paseo por la finca familiar de Los Lirios, frente al Pico de Bandama, en el Monte Lentiscal.

Y que en aquella última visita a la isla no me faltó homenaje. Y tanto no me faltó que una gran multitud se reunió en el muelle de Las Palmas para recibirme como a todo un maestro de las letras españolas.

La Guerra de la Independencia

Acaecido entre 1808 y 1814, este conflicto bélico enfrentó a España –pero también a Portugal y al Reino Unido– contra Francia, que quería hacerse con el trono español para que lo ocupara el hermano de Napoleón, José Bonaparte. El desvío de un gran número de tropas francesas hacia la campaña de Rusia contribuyó a la victoria española y a la restauración de la monarquía de Fernando VII.

La Real Academia de la Lengua

Fundada hace más de trescientos años, la Real Academia de la Lengua es la institución que se encarga de regular la lengua castellana: las normas ortográficas, las palabras que se incorporan al diccionario y los cambios que el idioma debe admitir para adaptarse al progreso de la sociedad.

Amé siempre el teatro.

Amigos tenía muchos en el mundo de la escena. Y no me faltaron nunca las buenas relaciones con las mujeres de aquel ambiente.

María Guerrero y yo mantuvimos muy buena amistad y estrecha colaboración. Tanta que contó con obras mías como *La loca de la casa* o *La de San Quintín*.

Pero llevé la política al teatro, como no podía ser menos, hasta irritar a muchos intelectuales españoles que conspiraron contra mí al objeto de impedir que me dieran el Premio Nobel de Literatura, para el que no pocas oportunidades tuve.

Y no digamos nada de hacerme con un sillón de la Real Academia de la Lengua.

No faltaban los que apoyaban mi candidatura a tal sillón, aunque los más conservadores se irritaban con mis opiniones progresistas.

Pero entrar entré y me hice con un sillón.

Aquella atrasada institución terminó por admitirme, a pesar de ser un político liberal. El escritor les pudo por encima del político.

Lo que no llegaron a soportar fue que con *Electra*, aquella obra mía tan polémica, que atacaba los excesivos poderes de la Iglesia, consiguiera el éxito que conseguí.

Tampoco soportaron el triunfo de *Fortunata y Jacinta*. Yo contaba en esa obra las vidas de dos mujeres de clases sociales distintas, y mi aguda crítica de la clase media obtuvo mucho éxito.

Añoro, en estos días finales que describo ahora, mis veranos en Cantabria, huyendo del calor de Madrid, en mi finca de San Quintín.

Vivo estos amaneceres de Madrid recordando aquellos en los que escribía a lápiz hasta las diez de la mañana.

Añoro también las conversaciones que escuchaba a la gente de Madrid para recogerlas después en mis libros.

Y sin embargo tuve que padecer a un editor tramposo que me reclamaba deudas y venía a ser él el que me debía dinero. Menos mal que la justicia me entregó el fondo editorial a tiempo, fundé una editorial con mi propio nombre para vender mis libros y continué con esa actividad hasta 1904.

Pero los problemas económicos me han perseguido siempre. Ayudo a mucha gente sin esperar nada a cambio, como es natural, pero esa misma gente está acostumbrada a presentarse cada principio de mes para pedirme fondos.

Y no me queda más remedio que recurrir a prestamistas, con lo cual se me acumulan las deudas, con intereses exagerados, y no acabo con ellas.

«¿No es triste considerar que solo la desgracia hace a los hombres hermanos?».

«Yo no tengo la culpa de que la vida se nutra de la virtud y del pecado, de lo hermoso y de lo feo».

Y termino ya. Porque se me ha ido la luz y la ceguera me vence.

Tengo que agradecer la popularidad que me ha dado la vida. Que los sectores más conservadores y retrógrados de la sociedad española me quieran muerto no me importa.

Treinta obras de teatro, casi cien novelas y un público que las quiere y se reconoce en ellas es una gratificación para quien, como yo, se apaga ahora.

Que den por directo y honesto mi estilo, que les valga mi ironía perdida en esta hora y que mi compromiso social convierta mi voz literaria en algo grande para ellos, todo eso es gratificante para quien ya ha perdido su mirada, pero confía en la mirada de los otros.

Deseo de verdad a este Benito Pérez Galdós, servidor de ustedes, al que acaban de conocer, y que pasó por esta vida y por estas páginas, un feliz final de camino.

El protagonista

1843

Benito Pérez Galdós nace en Las Palmas de Gran Canaria. Estudia en el Colegio de San Agustín, donde desde muy joven empieza a colaborar en el periódico local *El Ómnibus*. Más tarde se traslada a Tenerife para cursar el Bachillerato.

1862

Marcha a Madrid para cursar la carrera de Derecho, que nunca terminó. En la capital acude al Ateneo y a los cafés Fornos y Suizo, en cuyas tertulias participa. Por esta época empieza a publicar artículos en *La Nación* y *El Debate*.

1873

Inaugura la primera serie de los *Episodios Nacionales*, con la novela *Trafalgar*. Viaja por Europa como corresponsal de prensa, y entra en contacto con movimientos artísticos como el Realismo y el Naturalismo.

Otros canarios ilustres

1758-1824

Agustín de Betancourt
Un ingeniero universal

1834-1912 / 1842-1918

Los León y Castillo
Dos hermanos soñadores

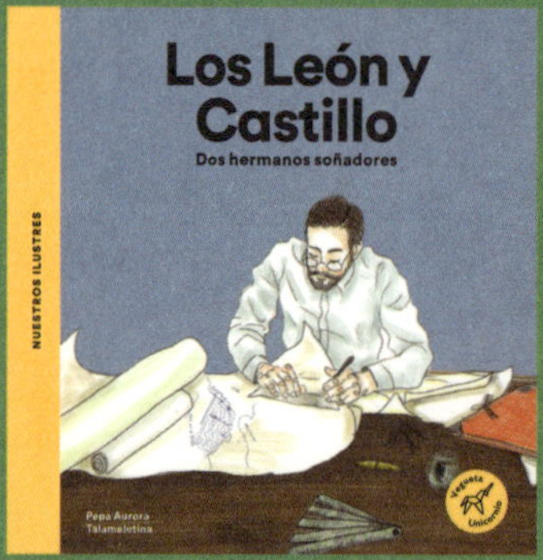

1886

Es elegido diputado en las Cortes por Guayama (Puerto Rico) y a principios del siglo XX pasa a formar parte del Partido Republicano.

1907

Encabeza la lista a la candidatura de la Conjunción Republicano-Socialista por Madrid.

1920

El 4 de enero de ese año, muere. El día de su entierro, treinta mil ciudadanos acompañaron al féretro hasta el cementerio madrileño de la Almudena.

1843-1920

Benito Pérez Galdós
El narrador de un mundo

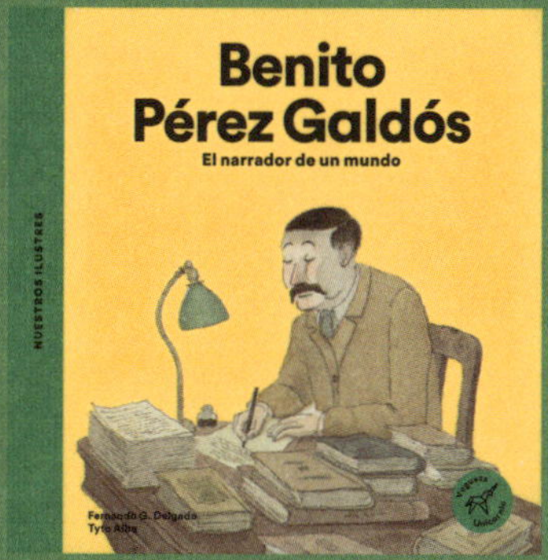

1878-1945

Blas Cabrera
El gran físico amigo de Einstein